AF357202

NOTICE

DES

PEINTURES

DE L'ÉCOLE MODERNE

COMPOSANT LA GALERIE

de M. BRUYAS (Alfred)

Passage Bruyas, 3

MONTPELLIER

....

MAI 1863

....

PARIS

IMPRIMERIE DE J. CLAYE

RUE SAINT-BENOIT, 7

NOTICE

DES PEINTURES

COMPOSANT

la Galerie de M. BRUYAS (Alfred)

———

ALLEMAND (HECTOR).

1. Paysage. Vue du département de l'Ain.

BÉNOUVILLE (LÉON).

2. La Colère d'Achille. (Académie. — Rome, 1846.)

BARRIAS (FÉLIX-JOSEPH).

3. Exilés de Tibère (Fragment des).

BONVIN (FRANÇOIS).

4. La Lecture.

BRUN (CHARLES).

5. Tête de fanatique arabe.
6. Portrait de M. A. B...

CABANEL (ALEXANDRE).

7. Portrait de M. A. B... (Romè, 1846.)

8. Un Penseur, jeune moine (campagne de Rome).

9. La Chiarruccia (royaume de Naples).

10. Albaydé (mes amours).

Orientales de V. Hugo.

11. Portrait de M. Cabanel.

Hommage de l'auteur.

12. Velléda. (Chateaubriand, les Martyrs. Salon de 1852.)

13. L'Ange du soir.

Hommage de l'auteur.

14. Portrait de Mme Bruyas mère.

COUTURE (THOMAS).

15. Portrait de M. A. B...

16. Profil dans les données du Titien. (1850.)

COIGNARD (LOUIS).

17. Pâturage.

COUTURIER (LÉON).

18. Les Rongeurs. (Étude de rats.)

COROT (JEAN-BAPTISTE-CAMILLE).

19. La Pêche à l'épervier.

20. Effet de brouillard.

CORONAT (PROSPER).

21. Peinture d'après Bonington. (Louvre.)

COURBET (GUSTAVE).

22. Portrait de l'auteur. (1850.)

23. Les Baigneuses. (1853.)

24. La Fileuse endormie.

25. Portrait de M. A. B... (avec mains).

26. Portrait de l'auteur. (Montpellier, 1854.)

27. La Rencontre.

28. Portrait de M. A. B... (profil).

29. Les Bords de la mer. (Souvenirs des cabanes.)

30. Portrait de M. A. B... (avec une main).

31. Portrait de femme. (Étude inachevée).

COURT (JOSEPH-DÉSIRÉ).

32. La Mort de César. (Première pensée de son tableau
du Luxembourg. — Salon de 1827.)

DELACROIX (EUGÈNE).

33. Charge de cavaliers arabes. (1832.)

34. Femmes d'Alger dans leur appartement. (Répétition variée de son tableau du Luxembourg.)

35. Daniel dans la fosse aux lions.

36. Michel-Ange dans son atelier.

37. Portrait de M. A. B... (avec mains).

38. Première pensée du portrait de M. A. B...

Hommage de l'auteur.

DEVÉRIA (EUGÈNE).

39. Famille de paysans de la vallée d'Osseau.

40. Confidence. (Souvenirs des Eaux-Bonnes.)

DECAMPS (GABRIEL-ALEXANDRE).

41. Le Chemin de Toulon (singes travestis).

DAUBIGNY (CHARLES-FRANÇOIS).

42. Paysage.

DIAZ (NARCISSE).

43. La Saison des amours.

44. Fleurs.

45. Jeune fille dans un bosquet.

46. Fleurs.

47. Le Moine.

DIDIER (JULES).

48. Femmes de Terracine.

DORÉ (GUSTAVE).

49. Le Soir. (Paysage pris dans les îles du Rhin, près de Strasbourg, par un effet de soleil couchant.)

50. Paysage. (Souvenirs des Alpes.)

FROMENTIN (EUGÈNE).

51. Tentes de la Smala de Sidi-Hamel-Bel-Hadj.

FRANÇAIS (LOUIS-FRANÇOIS).

52. Paysage. (Vue du lac de Némi ; site entre Rome et Naples.)

53. Effet de soleil couchant dans les marais Pontins près de Terracine.

FLANDRIN (HIPPOLYTE).

54. Étude.

FLEURY (LÉON).

55. Vue de Nice maritime.

GUIGNET (ADRIEN).

56. Le Jeu.

GLAIZE (AUGUSTE).

57. La Mort du Précurseur. (Première pensée du grand
tableau de Toulouse.)

58. Intérieur du Cabinet de M. A. Bruyas en 1849.

59. Souvenir de Vernet-les-Bains (Pyrénées-Orientales).

60. Portrait de l'auteur.

61. Portrait de M. A. B...

62. La Balançoire.

63. Ophélia.

HERVIER (ADOLPHE-LOUIS).

64. Lisière de bois. (Étude.)

JALABERT (JEAN).

65. La Sympathie.

JACQUES (CHARLES-ÉMILE).

66. Gardeuse de troupeau.

INGRES (JEAN-AUGUSTE-DOMINIQUE).

67. Tête d'étude.

LAURENS (JULES).

68. Paysage, souvenir d'Asie-Mineure.

69. Intérieur pris en Auvergne.

70. Femmes au lavoir.

Hommage de l'auteur.

LESSORE (ÉMILE).

71. La Partie d'échecs.

MATET (CHARLES).

72. Portrait de M. A. B...

73. Tête d'étude (avec mains).

MILLET (FRANCISQUE).

74. Offrande à Priape.

MARILHAT (PROSPER).

75. A. Balbeck.

76. Village de l'Auvergne.

77. Mosquée. (Dessin.)

78. Paysan d'Auvergne. (Dessin.)

PALIZZI (JOSEPH).

79. Chèvres, pâturage des Abruzzes.

PAPETY (DOMINIQUE-FERRÉOL).

80. Troupeau de l'Amour.

81. Les Noces de Gypsis, ou fondation de la ville de Marseille.

82. Prière à la Madone.

83. Première pensée du *Rêve de bonheur*.

84. Saint-Antoine de Padoue. (Intérieur d'église.)

85. Album (1).

---

1. Architecture, Dessins, Croquis, Aquarelles, etc.; documents, projets de tableaux.

ROBERT-FLEURY (JOSEPH-NICOLAS).

86. La Toilette.

ROUSSEAU (THÉODORE).

87. La Mare. (Forêt de Fontainebleau.)

RAFFET (DENIS-AUGUSTE-MARIE).

88. Soldat de la République.

89. La Mort du général Foy. (Aquarelle.)

RICARD (LOUIS-GUSTAVE).

90. Portrait de M. A. B...

SCHEFFER-ARY.

91. Un Philosophe.

TROYON (CONSTANT).

92. Vaches normandes.

93. En Sologne.

94. L'Abreuvoir.

TASSAERT (OCTAVE).

95. Ciel et Enfer, ou la France agitée entre les bons
et les mauvais instincts. (Salon de 1850.)

96. Portrait de l'auteur.

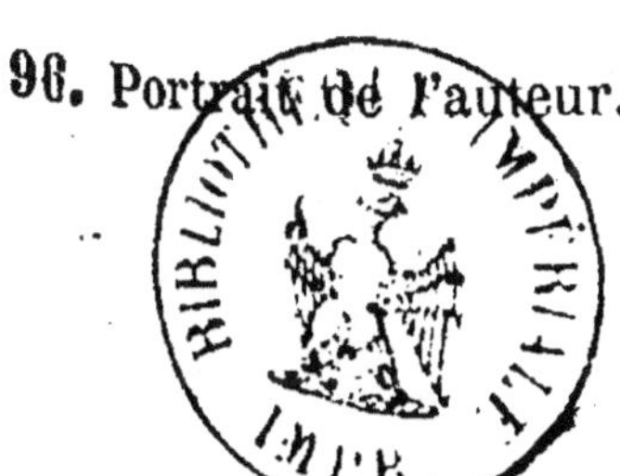

97. Ma chambre en 1825.

Hommage de l'auteur.

98. L'Atelier de **M. O. Tassaert**, rue Notre-Dame-des-Champs, n° 5.

99. Un Suicide. (Première pensée.)

Hommage de l'auteur.

100. Portrait de M. A. B... (Profil avec une seule main.)

101. Suicide. (Répétition du tableau du Luxembourg.)

102. Le Rébarbatif. (Souvenir de Florence.)

103. Clovis à la bataille de Tolbiac. (Première pensée.)

104. Portrait de M. A. B... (avec mains).

105. Le Retour de l'Enfant prodigue.

106. Ariadne.

Hommage de l'auteur.

107. Lecture de la Bible.

108. Jeune fille évanouie dans une église.

109. Chrétiens dans les catacombes (Première pensée)
Hommage de l'auteur.

110. La Mère convalescente.

111. Jeune femme au verre de vin.

TANNEUR (PHILIPPE).

112. Nice maritime.

113. Soleil couchant. (Marine.)

VERDIER (MARCEL).

114. Tête de Christ.

115. Portrait de femme.

116. Lélia. (Fantaisie.)

117. Véronique. (Étude.)

WILD (WILLIAM).

118. Les Moissonneurs (d'après Léopold Robert).

ZIEM (FÉLIX).

119. Le Retour du marché (effet de soleil couchant).

TABLEAUX

DE DIVERSES ÉCOLES

(MÊME COLLECTION)

BONINGTON (RICHARD PARKES).

120. Marine.

121. Plage.

BOURDON (SÉBASTIEN).

122. Portrait de femme (avec mains).

HÉEM (JEAN-DAVID DE).

123. Guirlande de fleurs.

MIRVELS (MICHEL).

124. Portrait de femme âgée.

PRUD'HON (PIERRE-PAUL).

125. Portrait d'homme.

PARROCEL (JOSEPH).

126. Un Cavalier.

PORBUS (PIERRE).

127. Portrait du Tintoret.

RUBENS (PIERRE-PAUL).

128. Portrait de Van Dyck (lithographié dans *l'Artiste*, *Revue de Paris*).

TIEPOLO (GIOVANNI-BATTISTA).

129. Intérieur. (Lavoir dans Venise.)

VELASQUEZ DE SILVA (DON DIEGO).

130. Portrait d'alguazil.

131. Portrait d'un célèbre chimiste du temps.

VIGÉE-LEBRUN (LOUISE-ÉLISABETH).

132. Portrait de la princesse Marie de Russie.

MAITRES INCONNUS.

133. Chien et chat dans un atelier de peinture.

134. Mater dolorosa.

135. Intérieur flamand.

136. Jeune fille endormie.

137. Portrait d'homme.

138. Fleurs.

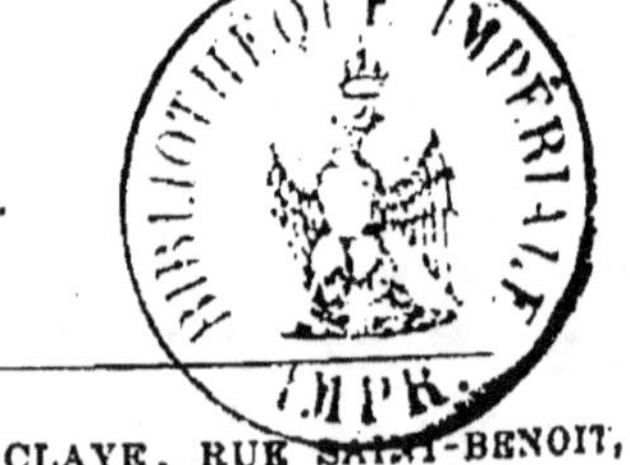

PARIS. — IMPRIMERIE DE J. CLAYE, RUE SAINT-BENOIT, 7.